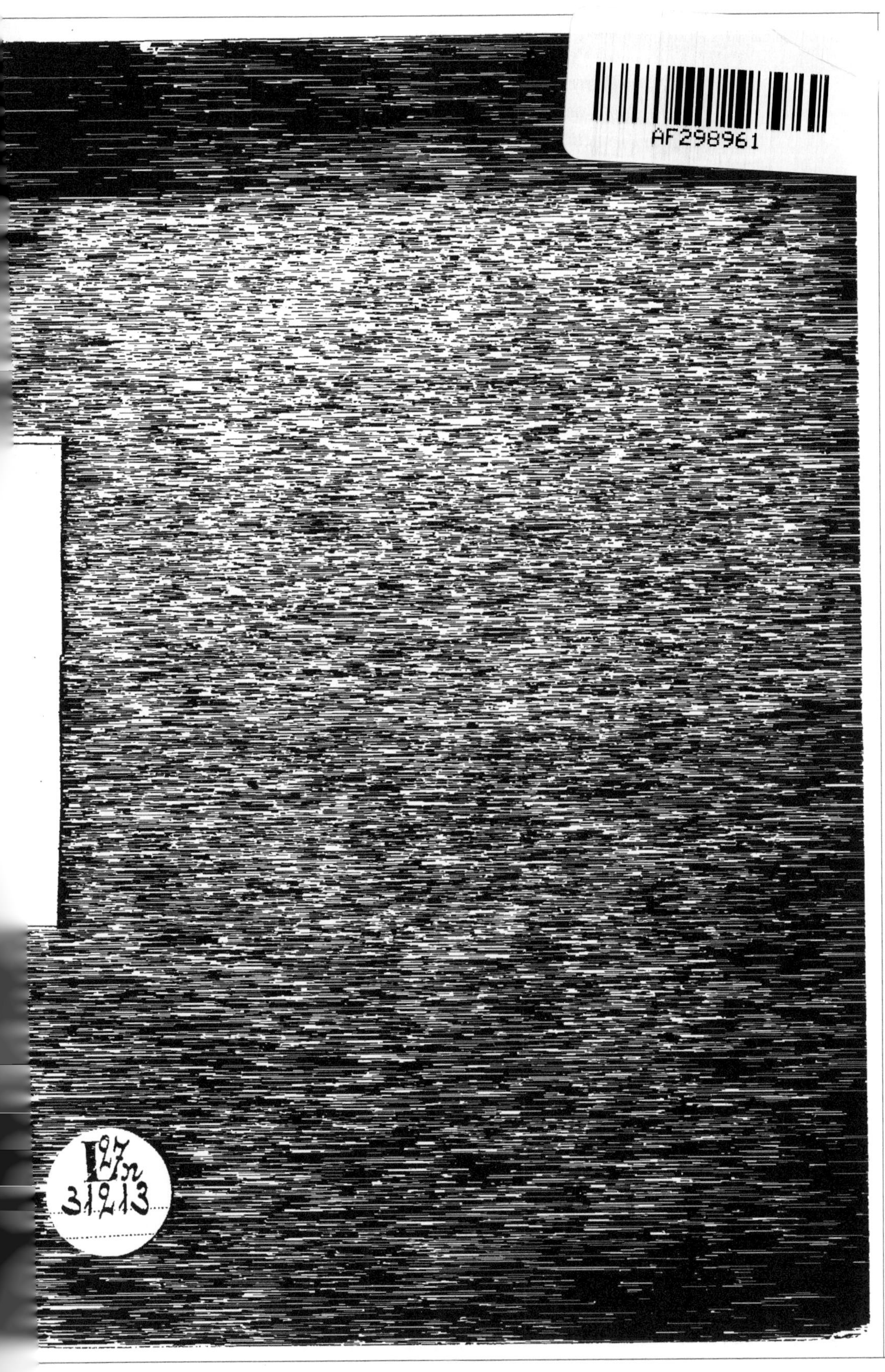

ALLOCUTIONS

PRONONCÉES AUX FUNÉRAILLES

DE

FRANÇOIS BONIFAS

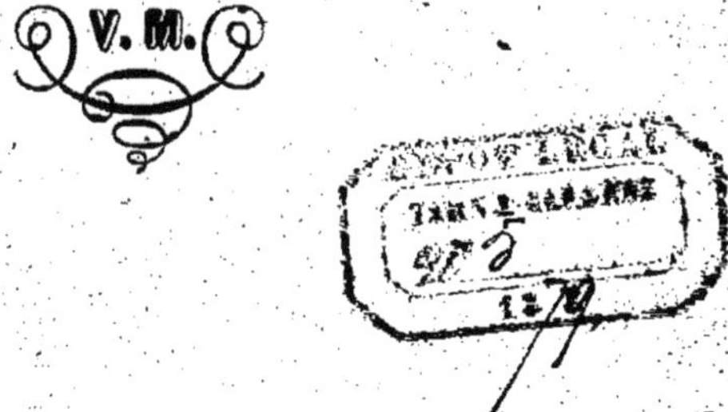

MONTAUBAN,

TYPOGRAPHIE MACABIAU-VIDALLET, RUE BESSIÈRES, 25.

1878

ALLOCUTIONS

PRONONCÉES AUX FUNÉRAILLES

DE

FRANÇOIS BONIFAS

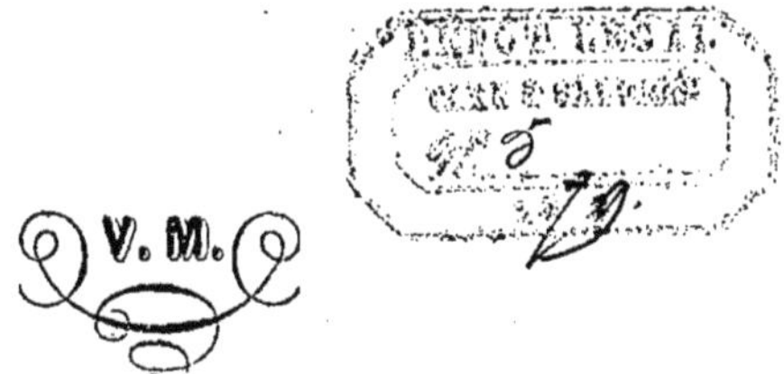

MONTAUBAN,

TYPOGRAPHIE MACABIAU-VIDALLET, RUE BESSIÈRES, 25.

—

1878

M. Louis-Emilien-François Bonifas, né à Grenoble le 19 octobre 1837, professeur d'histoire ecclésiastique à la Faculté de théologie protestante de Montauban, a été rappelé à Dieu le 15 décembre 1878. Sa famille n'est pas seule à le pleurer. Le deuil des Professeurs et des Étudiants, le deuil de l'Église est profond.

La Faculté offre ces pages comme un souvenir à ceux qui ont eu M. Bonifas pour maître, à tous ceux qui l'ont connu et aimé.

Le 17 décembre 1878, à 1 heure et demie de l'après-midi, par un jour sombre et pluvieux, une assistance nombreuse se rassemblait au faubourg du Moustier, n° 58, pour rendre les derniers devoirs à la dépouille mortelle de notre très cher et très regretté collègue M. Bonifas. Le Secrétaire général de la préfecture, le Maire de la ville de Montauban, l'Inspecteur d'Académie, les membres de la Société des Sciences, Belles-Lettres et Arts de Tarn-et-Garonne, les délégués de Sociétés religieuses de Toulouse, des pasteurs et des fidèles de la ville et des Églises voisines étaient venus se joindre à la famille de M. Bonifas, aux professeurs et aux étudiants de la Faculté, pour cette douloureuse cérémonie. M. le Recteur avait exprimé, par dépêche, ses regrets d'être retenu loin de Montauban par des affaires urgentes et graves.

MM. les pasteurs Picard et Benoît firent un service religieux dans la maison mortuaire. Le cortége se rendit ensuite au temple de la Faculté. Les étudiants, un crêpe au bras, marchaient des deux côtés du cercueil. Les professeurs, en robe, le suivaient immédiatement. Le cercueil fut déposé au pied de la chaire.

Une foule recueillie et profondément émue remplissait le temple.

M. le professeur Monod commença par donner lecture des versets 1, 4, 5 et 6
du cantique LXXVI des Chants chrétiens et de quelques portions de
l'Ecriture-Sainte :

> Ah ! pourquoi l'amitié gémirait-elle encore
> Sur ceux qui, dans l'exil, comme nous dispersés,
> D'un jour consolateur ont vu briller l'aurore,
> Et que vers Canaan Dieu lui-même a poussés ?
> Affranchis, avant nous, du mal qui nous dévore,
> Ils ne sont pas perdus, ils nous ont devancés.

> Le péché ni la mort ne sauraient les atteindre
> Dans la haute retraite où Dieu les a placés ;
> Leur tranquille regard contemple, sans les craindre,
> Sous les pas des humains tant de piéges dressés.
> Leur bonheur est au comble, et nous pourrions les plaindre ?
> Ils ne sont pas perdus, ils nous ont devancés.

> Puisse la même foi qui consola leur vie,
> Nous ouvrir les sentiers que leurs pas ont pressés,
> Et, dirigeant nos pas vers la sainte patrie,
> Où leur bonheur s'accroît de leurs travaux passés,
> Nous rendre ces objets de tendresse et d'envie,
> Qui ne sont pas perdus, mais nous ont devancés.

> Quand le bruit de tes flots, l'aspect de ton rivage,
> O Jourdain ! nous diront : Vos travaux sont cessés !
> Au pays du salut, conquis par son courage,
> Jésus nous recevra, triomphants et lassés,
> Près de ces compagnons d'exil et d'héritage,
> Qui ne sont pas perdus, mais nous ont devancés.

« L'Eternel est mon berger, je n'aurai point de disette. Il me fait reposer
dans des parcs herbeux, et il me conduit le long des eaux tranquilles.
Il restaure mon âme, et il me mène par des sentiers unis, pour l'amour de
son nom. Même quand je marcherais par la vallée de l'ombre de la mort,
je ne craindrais aucun mal, car tu es avec moi ; c'est ton bâton et ta houlette
qui me consolent. Tu dresses la table devant moi, à la vue de ceux qui me
persécutent ; tu oins ma tête d'huile, et ma coupe est remplie. Quoi qu'il en
soit, les biens et la miséricorde m'accompagneront tous les jours de ma vie, et
j'habiterai dans la maison de l'Eternel jusqu'à la fin de mes jours. »

« Ceux qui seront jugés dignes d'avoir part au siècle à venir et à la résurrection d'entre les morts... ne peuvent pas mourir, puisqu'ils sont comme les anges et qu'ils sont fils de Dieu, étant fils de la résurrection. Que les morts ressuscitent, c'est ce que Moïse a indiqué... lorsqu'il appelle le Seigneur le Dieu d'Abraham, le Dieu d'Isaac et le Dieu de Jacob. Dieu n'est pas Dieu des morts, mais Dieu des vivants, car ils sont tous vivants pour lui. »

« Jésus dit à Marthe : ton frère ressuscitera. — Je sais, reprit Marthe, qu'il ressuscitera, lors de la résurrection, au dernier jour. Jésus lui répondit : Je suis la résurrection et la vie ; celui qui croit en moi vivra, quand même il serait mort, et quiconque vit et croit en moi ne mourra point pour toujours. »

« Pour toi, homme de Dieu... recherche la justice, la piété, la foi, la charité, la patience, la douceur. Combats le bon combat de la foi ; saisis la vie éternelle à laquelle tu as été appelé, et pour laquelle tu as fait ta belle profession en présence d'un grand nombre de témoins. »

(Psaume XXIII. Luc, xx, 35 à 38. Jean, xi, 23 à 26. I Timothée, vi, 11-12).

« Je voudrais, ajouta M. Monod, diriger surtout votre attention sur la parole suivante qui forme la conclusion pratique de celles que nous vous avons déjà lues :

« Nul de nous ne vit pour soi-même, et nul ne meurt pour soi-même ; car, soit que nous vivions, nous vivons pour le Seigneur, soit que nous mourions, nous mourons pour le Seigneur ; soit donc que nous vivions, soit que nous mourions, nous appartenons au Seigneur. »

(Romains, xiv, 7-8).

« Mes Frères, il est des moments où la parole publique est bien douloureuse ! Dans un deuil tel que le nôtre, ne trouverions-nous pas plus conforme à nos émotions actuelles de nous renfermer dans le silence, et de nous appliquer à nous-mêmes les consolations divines et les saintes exhortations que nous venons de puiser dans l'Ecriture-Sainte ? Et pourtant, comment nous séparer de ce qui reste encore ici-bas de notre frère, sans lui dire un dernier adieu ? Si je prends la parole dans cette affliction commune, ce n'est pas que j'y aie un titre particulier ; car je n'appelle pas de ce nom l'affection profonde et je puis ajouter — la vénération dont j'entourais celui que Dieu nous a redemandé : ces sentiments étaient partagés par tous ses collègues. Je ne dois ce douloureux privilége qu'au désir qui m'a été exprimé par sa famille et qui est pour moi une obligation. Mais que dire en un pareil moment, quand on songe à ce que renferme ce cercueil ? Il n'est qu'un

mot qui rende notre impression unanime : nous sommes atterrés !
Est-ce bien lui, François Bonifas, cet ami, ce collègue, ce maître
et ce guide de nos étudiants, ce chrétien éminent, qui a disparu
du milieu de nous ? Nous en sommes encore à nous demander s'il
est bien vrai que Dieu ait frappé un pareil coup. Quand, après
les nouvelles rassurantes de la semaine dernière, on apprit sou-
dainement, avant hier au soir, que M. Bonifas venait d'expirer,
nous avons tous senti que nous étions atteints au cœur. Ce fut
plus qu'une grande tristesse ; ce fut une consternation générale.
Oui, nous faisons tous une perte irréparable, mes frères ! Cepen-
dant nous ne murmurons pas ; ce serait bien mal honorer la mé-
moire de celui qui fut, tout le long de sa vie, si soumis à la volonté de Dieu. Nous aussi, nous nous inclinons sous sa main,
sans chercher à pénétrer l'incompréhensible raison de ses voies,
et, abattus devant Lui, famille, faculté, église, nous lui disons :
« Seigneur ! je reste muet, je n'ouvre pas la bouche, parce que
c'est Toi qui agis » ; c'est Lui qui l'a fait : donc, c'est sage et bon.
Que sa volonté soit faite, non la nôtre ! — Mais ne prenons pas
congé de notre compagnon d'œuvre sans dire au moins en
quelques mots ce que Dieu nous avait donné en lui. Je sais que
rien ne serait plus contraire à son esprit ou à son désir que de
glorifier ici l'homme ; il n'avait rien qu'il ne l'eût reçu ; mais
précisément parce qu'il avait beaucoup reçu, ce sera glorifier
Dieu et non l'homme que de rappeler les dons qu'il avait accordés
à son serviteur. Nous y avons d'autant moins de scrupule que
ce qui caractérisait avant tout notre frère, c'était l'action même
de la grâce de Dieu, sous sa forme la plus immédiate et la plus
religieuse. Sa piété, en effet, ne s'ajoutait pas seulement à ses
autres dons ; elle était la note dominante et le mobile de sa vie ;
elle inspirait tout le reste ; c'est elle qui l'a fait ce qu'il a été ; sa
piété c'était son caractère. On pourrait assurément insister sur
ses talents distingués, cultivés et mûris par un travail assidu et
méthodique qui lui permit de conquérir, jeune encore, les pre-
miers grades universitaires, sur son enseignement dont on nous
parlera tout-à-l'heure, si clair et si fécond, qui alimentait la vie
religieuse de ses auditeurs, en même temps qu'il apportait la
lumière dans leurs esprits, bien que le professeur fût servi par
un mince filet de voix qui se faisait néanmoins entendre, tant il
savait se faire écouter : nous pourrions nous étendre sur les ser-

vices qu'il avait dejà rendus, par ses écrits, à notre théologie
française et sur les espérances légitimes qu'elle avait fondées sur
lui pour l'avenir ; nous pourrions rappeler ce caractère aimable
et grave, affectueux et modeste qui gagnait tout naturellement
la confiance, associé qu'il était à une vive et intelligente sympathie pour tout ce qui est grand et beau, ainsi qu'à une remar-
quable délicatesse de sentiments. Mais si vous voulez mettre le
doigt sur l'individualité véritable de M. Bonifas, il faut descendre
jusqu'à ce fond religieux où résidait et s'épanouissait sa piété.
J'y ai toujours remarqué, depuis environ treize ans que j'étais
son collègue, deux caractères principaux. Le premier, c'était un
attachement inébranlable aux grands faits historiques et aux
dogmes objectifs et essentiels sur lesquels repose le christianisme
apostolique ; à cet égard, il n'y avait chez lui aucune hésitation ;
il ne concevait l'église chrétienne qu'autant qu'elle s'appuie sur
ses propres bases ; cette foi, supérieure à toute conception théologique particulière, il la traduisait en doctrines fermes et nettes
qu'il était parvenu à légitimer devant sa propre pensée. Le se-
cond caractère de sa piété, inséparable, chez lui, du premier,
c'était le cachet d'expérience personnelle qu'elle avait revêtu.
Sa foi, quels qu'en fussent les éléments didactiques, n'était nulle-
ment une forme stérile, mais un principe de vie ; il pouvait
dire, avec vérité, comme l'apôtre : « Nous vivons pour le
Seigneur. » Voilà ce qui, tout d'abord, frappait en lui : j'en appelle à ceux qui l'ont connu ; rien qu'à le voir, on sentait qu'il
vivait en la présence de Dieu, et qu'il savait en qui il avait cru.
De là cette humilité qui enveloppait toute sa personne, cette par-
faite simplicité que nous admirions toujours de nouveau et qui
était due essentiellement à ce qu'en toute chose il avait une règle
unique et absolue, la volonté de Dieu, devenue le guide de sa conscience ; tout autre motif, tout autre attrait cédait devant ce
principe austère et lumineux ; pour lui, le devoir, avec sa sanc-
tion divine, était la loi ; sa vie était toute entière soumise à cette
règle inflexible et indiscutable. Je ne crois pas avoir rencontré
personne dont je fusse plus autorisé à dire : il est tout conscience.
De là encore cette sérénité, si rare dans notre époque tour-
mentée, qui venait non de l'ignorance de la lutte, mais de l'assurance de la victoire ; de là cette activité paisible mais constante
qu'il savait mettre au service de son divin Maître et qui lui a per-

mis, malgré les ménagements qu'il était obligé de prendre, de travailler beaucoup dans une existence assez courte. S'il l'avait pu, si Dieu lui eût accordé la santé, c'est dans le ministère pratique qu'il aurait dépensé ses forces ; c'était à ses yeux la carrière idéale. S'en voir éloigné fut une épreuve à laquelle il dut se soumettre de bonne heure ; sa puissance de sympathie l'eut rendu singulièrement propre à la cure d'âmes, et quant à la prédication, elle eût été pour lui une grande joie, tant il avait à dire. Les humbles réunions qu'il présida autrefois, à Villebourbon, et les rares prédications qu'il a pu faire, ont laissé dans plus d'un cœur de durables souvenirs. Enfermé dans son professorat, il trouva le moyen de le rendre fécond, non-seulement pour l'instruction théologique de nos étudiants, mais aussi pour leur avancement spirituel qui le préoccupait avant tout. A eux de dire ce qu'ils ont trouvé en lui de sainte affection, de sollicitude chrétienne, surtout aux jours de crise morale et intellectuelle par où passent un grand nombre de serviteurs de Dieu et durant lesquels le Père des esprits les amène, souvent à travers les angoisses du doute, à la possession d'une foi personnelle, libre et joyeuse. Comme M. Bonifas comprenait ces luttes ! avec quelle charité et quelle autorité il savait aider ses jeunes frères, sans jamais les faire marcher plus vite que l'esprit de Dieu ne les conduisait, et toujours plein de déférence pour leur individualité morale ! Dire qu'il aimait les étudiants du fond de son cœur, et qu'il les aimait en chrétien, qu'il priait pour eux, qu'il était ambitieux de leurs progrès spirituels, c'est dire ce qu'ils savent tous mieux que moi. J'ajoute qu'ils le lui rendaient bien ; peu de professeurs, à l'âge de 41 ans, se sont vus entourés par leurs élèves d'autant d'affection et de confiance.

« Je n'ai pas tout dit. Il me semble que je n'ai rien dit. C'est assez pourtant pour bénir Celui qui nous l'avait donné et pour comprendre tout ce que nous perdons. Dieu lui a accordé une fin digne de sa vie, simple et sereine. Après avoir dit : « Soit que nous vivions, nous vivons pour le Seigneur, » il a pu ajouter : « Soit que nous mourions, nous mourons pour le Seigneur. » Il nous a quittés au milieu de son travail ; comme son vénéré père, comme son noble frère, il est mort debout. Cette mort a été de celles qui réconcilient avec la mort, un passage du monde au Père, comme se fait, dans une maison, le passage d'une chambre dans une autre. Dieu a couronné en lui ses grâces en lui accordant celle d'avoir pleinement conscience de son état jusqu'au bout. Deux heures avant la fin, on l'entendit qui disait : « Seigneur, mon Dieu, aide-moi ! » Un peu après, pour ménager ses proches, il ajouta : « Je ne souffre pas vivement, mais cette continuité est pénible. — Je supplie le Seigneur de me conserver un peu de force et de voix ; je voudrais le glorifier une fois encore ! J'aurais tant voulu recevoir les étudiants et glorifier mon Maître une fois encore ! Je leur aurais dit qu'en Jésus on peut s'en aller en paix, et avec joie ; *avec joie,* » répéta-t-il. Le matin, il avait dit : « Que notre Sauveur est bon ! oh, qu'il est bon ! » Enfin, au moment où les ombres de la terre disparaissaient derrière lui, il s'écria : « Comme le ciel est beau ! » et au bout d'un instant il ajouta : « et qu'il est près ! » Ce fut son dernier mot. Restons sur cette parole ; ne l'affaiblissons pas ; gardons et repassons-la en nous-mêmes.

« Etudiants de cette Faculté, mes chers amis, auprès de qui nous voudrions tous remplacer en partie celui que vous avez perdu ; anciens étudiants qui partagerez si profondément notre deuil, à mesure que vous en recevrez la nouvelle ; honorés et chers collègues de cette Faculté si rudement frappée, membres de cette Eglise et de notre Eglise réformée de France que notre frère aimait et servait, ne l'oublions pas, le ciel est près, parce que Dieu est près ; accepter et accomplir la volonté de notre Père céleste dans la foi au Sauveur, et dans un esprit de prière, voilà le ciel sur la terre, jusqu'à ce que nous aussi, transportés, comme notre frère, dans le royaume de la vérité et de la pureté, nous soyons, comme lui, transformés à l'image du Seigneur, de gloire en gloire, comme par l'esprit du Seigneur. »

Prière.

M. le pasteur Vesson, a pris ensuite la parole au nom de la *Société des livres religieux de Toulouse* et de la *Société Centrale d'Évangélisation* :

MESSIEURS,

« Je ne viens pas faire un discours, je ne sais si j'en trouverais la force ; je viens seulement, au nom des deux Comités de

Toulouse auxquels appartenait François Bonifas, celui de la *Société des Livres religieux* et celui de la *Société centrale d'Evangélisation, section Centre-Sud,* déposer sur son cercueil l'hommage de notre douleur et de nos regrets.

« Si la Faculté perd un professeur éminent, nous perdons un fidèle et dévoué compagnon d'œuvre. Il a été fidèle, c'est-à-dire ferme dans la foi, dans cet attachement à la doctrine de Christ qu'il n'a cessé d'exposer et de défendre dans son enseignement, comme dans ses livres, comme dans sa vie. Il a été dévoué, c'est-à-dire fervent dans l'amour des âmes, qu'il brûlait de faire vivre de la vie de Christ. Rendre témoignage à son Sauveur, et travailler, de toutes les forces que Dieu lui donnait, aux progrès de son règne dans le monde, telle a été sa double, sa constante préoccupation.

« Cette préoccupation, il l'avait déjà sur les bancs de cette chère Faculté de Montauban où j'ai eu le privilége de l'avoir trois ans comme condisciple et comme ami, et où il s'était acquis, non pas seulement notre affection à tous, mais, en dépit de ses vingt ans, notre admiration et, si je l'ose dire, notre vénération et notre respectueuse confiance. Cette même préoccupation, il devait la porter depuis dans sa chaire, avec quelle intensité, l'on vient de vous le dire, non moins que dans chacune des œuvres chrétiennes qui ont eu l'honneur, hautement apprécié, de posséder une part de son activité, de son intérêt et de ses prières. Pour lui, au dehors comme au dedans, vis-à-vis de ses frères et de lui-même comme vis-à-vis de Dieu, tout se bornait à la seule chose nécessaire, et je n'ai connu personne à qui l'on pût appliquer à plus juste titre la belle devise de saint Paul : « *Pour moi, vivre, c'est Christ.* »

« Et tout cela a été brisé par la mort ! A quarante ans ! Et cette lumière s'est éteinte, et cette bouche s'est fermée ! Ou plutôt, non, car tout cela nous demeure. Il nous demeure, il nous demeurera jusqu'à la fin, le souvenir de cette intelligence si sereine et si virile tout ensemble des choses de Dieu, de cette conscience si austère et si délicate, de cette vie si pleinement et si paisiblement dépensée au service du Maître, de cette foi dont on peut si bien dire comme de celle d'Abel, que « *quoique mort, il parle encore par elle,* » de cette fidélité de chaque instant qu'il nous laisse à tous, à sa famille, à ses compagnons d'œuvre, à ses disciples, à ses amis, à l'Eglise toute entière, comme un précieux héritage, comme un exemple à suivre et comme une suprême consolation.

O mon ami, mon frère, quelle prédication que la tienne ! mais nous ne l'oublierons pas. Adieu François Bonifas, ou plutôt au revoir ! Au revoir là-haut, dans ce ciel si beau, que tu contemplais de si près à ta dernière heure, et où nous irons te rejoindre à notre tour dans la réalisation de la même espérance, dans le repos et dans la joie du même Sauveur !

M. Bois, doyen, s'est exprimé en ces termes au nom de la Faculté :

« La douleur trouve un amer soulagement à se plaindre. Vous me permettrez, Messieurs, de vous retenir encore quelques instants pour vous dire, dans la mesure où cela peut se dire à cette heure funèbre et douloureuse, ce que la Faculté a perdu en perdant M. Bonifas.

« Fils et frère de professeur, connu dès son enfance de plusieurs professeurs de la Faculté, élève de la plupart de ceux dont il était devenu le collègue, M. Bonifas nous appartenait d'une façon particulière et très intime. Il avait fait ses études théologiques dans notre École, et il n'a pas eu d'autre carrière que de la servir. Il y avait à peine deux ans qu'il était sorti de nos auditoires, lorsqu'il fut rappelé auprès de nous, en 1863, comme sous-directeur du Séminaire. Il donna alors à nos étudiants des cours de littérature dont quelques fragments, publiés depuis dans une de nos Revues, ont fait connaître quel goût délicat, quelle hauteur de pensées et quelle élégance de parole, il pouvait porter dans la critique littéraire. Mais, sa vraie vocation était ailleurs : ses maîtres eux-mêmes l'avaient encouragé à se préparer au professorat de théologie. Il conquit successivement, par des travaux remarquables sur Leibnitz, sur Schleiermacher, sur l'enseignement apostolique, les grades de docteur ès-lettres, de licencié et de docteur en théologie. On n'a oublié ni à la Faculté de Montauban ni à la Sorbonne les brillantes et fortes soutenances du jeune candidat. Il avait seulement 29 ans, quand sur la désignation des Eglises, il fut nommé, en 1866, à la chaire d'histoire ecclésiastique, mais peu de professeurs sont arrivés à leurs fonctions aussi remarquablement doués et aussi solidement préparés que lui. Pendant douze années, il a enseigné au milieu de nous avec un succés qui n'a eu ni intermittences ni affaiblissement. L'élévation et l'étendue de ses vues, la sûreté et la loyauté de sa science, l'intelligence supérieure avec laquelle il comprenait les systèmes, les exposait et les jugeait, la clarté lumineuse avec laquelle il montrait l'enchaînement des faits et la logique des idées dans l'histoire, sa parole toujours facile et élégante, aisément animée et parfois émue jusqu'à l'éloquence, enfin, tout un rare ensemble de qualités soit de fond, soit de forme, faisaient de lui un professeur qu'on n'était jamais las d'entendre, et qu'on n'entendait jamais sans un grand profit à la fois intellectuel et religieux. Et tous ces beaux dons étaient ornés, selon le mot d'un apôtre, d'une modestie pleine de simplicité et d'attrait.

« C'est qu'il y avait en M. Bonifas quelque chose de supérieur encore aux qualités si éminentes du professeur, c'étaient les qualités de l'homme, du chrétien. Et il est impossible de parler de son enseignement sans dire qu'une de ses grandes vertus était qu'on sentait, sous le savant et le penseur, un chrétien à l'âme profonde et fervente, vivant dans la communion du Maître, lui consacrant, à la fois par un élan spontané et par conscience, tout son savoir et tout son travail; n'ayant d'autre ambition que de mieux comprendre la vérité divine et de la faire mieux comprendre aux autres; sévère pour les doctrines, respectueux pour les personnes; ne soupçonnant pas le mal, lent à y croire et prompt à s'attacher avec confiance aux moindres traces de bien qu'il voyait apparaître; d'un dévouement extrême, nous dirions volontiers excessif, car il n'a tenu compte que trop tard et n'a pas même alors assez tenu compte de sa fatigue. Membre de la Commission de l'Ecole normale de Montauban, de la Société des Sciences, Belles-Lettres et Arts de Tarn-et-Garonne, de la Société des livres religieux de Toulouse, de la Société Centrale d'Evangélisation, section Centre-Sud, Directeur de la Revue théologique, il remplissait ces fonctions diverses avec l'exactitude et la conscience qu'il mettait en toutes choses. C'est le seul reproche que notre douleur serait tentée de lui faire; s'il s'était davantage épargné, nous le posséderions peut-être encore!

« Hélas ! le temps ne lui a pas été accordé pour tant d'œuvres belles et solides dont il avait conçu le projet, dont il nous a quelquefois entretenu et qu'il avait commencées. Il nous a été enlevé dans toute la force de ses facultés, dans tout le zèle de son activité bénie, plein de jeunesse encore, de nobles projets et d'avenir !

« Mes chers compagnons d'œuvre, quel collègue et quel ami nous avons perdu ! Mes chers Etudiants, quel maître et quel ami aussi que celui qui vient de vous être ravi ! Que les voies de Dieu sont mystérieuses, et qu'elles semblent étranges parfois ! Sommes-nous donc trop puissants à cette heure, pour que Dieu nous enlève nos forces les meilleures ?

« Nous courbons la tête sous la main puissante de Dieu. Notre frère, notre ami est dans le repos, auprès du Christ qu'il a tant aimé, sur le sein de Dieu qu'il a fidèlement servi. Il contemple, il possède ces réalités éternelles dont il était si heureux de parler. Pour nous, nous restons au combat, attristés et affaiblis. Que Dieu nous préserve du découragement ! J'ose le dire : en nous affaiblissant de la sorte, Dieu a pris sur lui la responsabilité de notre faiblesse, la responsabilité de notre œuvre. Nous savons qu'Il peut se passer des ouvriers qui nous paraissent les plus nécessaires. Qu'Il nous le prouve en réparant nos brèches, et en versant dans nos âmes abattues une nouvelle mesure de foi, de courage et de fidélité ! »

Le cortége se rendit ensuite au cimetière, et sur le bord de la tombe, M. Lafon, étudiant, s'est fait l'organe de ses condisciples :

« Avant que cette tombe se ferme, qu'il nous soit permis de rendre ici un dernier témoignage de reconnaissance et d'affection à notre cher et vénéré maître.

« Ce n'étaient point les liens d'une sympathie ordinaire qui nous unissaient à lui, ce n'est point non plus une douleur ordinaire que nous ressentons au moment où ces liens sont dénoués par la mort. Pour vous faire comprendre, Messieurs, tout ce qu'il a été pour nous, il faudrait que chacun de ces étudiants, qu'il a tant aimés, vînt dire ici tour à tour ce qu'il a puisé de force, de foi et de vie dans les leçons du professeur et dans le commerce non moins précieux de l'ami.

« Ce n'est pas à nous, ses élèves, qu'il appartient de faire l'éloge de ses talents et de son savoir, mais nous pouvons dire au moins l'autorité qu'avait su prendre sur nos esprits cet enseignement grave et élevé. La sûreté des connaissances, la loyauté scrupuleuse de l'exposition commandaient notre confiance, tandis que la chaleur des convictions nous affermissait dans la foi et nous encourageait dans notre vocation. — On sortait de ces leçons non-seulement plus instruit, mais aussi plus assuré de la vérité qui est en Christ, et souvent meilleur ! Et si nous nous sentons si tristes aujourd'hui, c'est avant tout parce que nous savons quel ministre de Dieu pour le salut de nos âmes vient de nous être ravi.

« Et ce n'est point seulement par ses leçons qu'il nous faisait ce bien, c'est encore par ces entretiens intimes qu'il se plaisait à avoir avec nous, c'est encore par ces conseils qu'il nous prodiguait avec tant d'affection, c'est par ce dévouement aux intérêts spirituels de ses chers étudiants qui trouvait sans cesse l'occasion de s'employer. — Quand nous avions besoin d'un conseiller et d'un ami, aux heures de trouble ou de tristesse, nous allions vers lui, certains d'avance qu'il ne nous laisserait pas sortir de son cabinet de travail sans nous avoir mis au cœur quelque force, quelque consolation, sans avoir fait passer dans nos âmes un peu de cette foi qui remplissait la sienne.

« Nous allions vers lui, en toute liberté et avec confiance, parce que nous savions qu'il nous aimait, et, — j'en atteste notre tristesse commune, — nous l'aimions bien en retour !

« Dieu sait quelle joie nous avions ressentie lorsqu'après l'épreuve d'une longue maladie, il avait pu reprendre sa place parmi nous, et nous espérions que Dieu nous le conserverait longtemps encore : il ne nous semblait pas qu'il pût nous être si tôt ravi !

« O Dieu, pardonne à notre faiblesse : nous ne comprenons pas encore que tu nous l'aies pris. Il faisait ici une œuvre si utile, il travaillait avec tant de succès à l'avancement de ton règne ; dans la communion de cette âme si énergiquement croyante, il y avait tant de reconfort pour nos âmes ! Tes voies ne sont pas nos voies, et tes pensées ne sont pas nos pensées ! Nous savons que tu nous aimes, nous savons que tu prendras soin de nous : nous nous soumettons en pleurant à ta volonté !

« Quel chagrin aussi pour nous lorsque nous voyons la douleur de cette famille que nous avions appris à aimer, et qui est aujourd'hui si cruellement frappée dans ses affections ! Notre propre affliction ne peut nous faire oublier la sienne, et, dans ce jour de larmes et de prières, c'est à elle que nous pensons avant de songer à nous ; c'est pour elle que nous demandons les forces d'en haut. Que le Dieu des consolations soit avec vous, pauvres affligés ! Qu'il soit avec nous tous qui souffrons aujourd'hui !

« Et maintenant, mes chers condisciples, disons un dernier adieu à celui qui fut un de nos meilleurs amis. Disons-lui adieu pour la vie d'ici-bas, mais disons-lui au revoir pour la vie éternelle. Vous savez avec quelle joie il nous parlait lui-même de ce séjour bienheureux, avec quelle sérénité il y est entré. C'est là que nous avons l'inébranlable assurance de le retrouver un jour, si nous savons aller vers lui, suivant son dernier vœu et sa dernière parole. L'exemple de foi qu'il nous a donné ne sera pas perdu pour nous, n'est-il pas vrai ? Son souvenir restera vivant dans nos cœurs, et, en pensant à lui, tout naturellement aussi nous penserons à devenir des croyants.

« Soyons des croyants sincères : ce sera le meilleur témoignage d'affection que nous puissions rendre à notre maître, celui qu'il aurait choisi entre tous, et le seul qui soit digne de lui.

« Et vous, Messieurs et frères, qui êtes venus rendre un suprême hommage à celui que vous aimiez comme nous, apprenez aussi par l'exemple de cette vie si haute, si pure, si dévouée, ce que peut la foi, quand elle a pris pour objet Jésus-Christ et Jésus-Christ crucifié, et efforcez-vous, efforçons-nous tous de marcher selon le Seigneur. C'est ainsi, croyez-le, que l'on apprend à affronter la mort sans terreur, et que l'on entre dans la vie.

« Au nom des Etudiants de Montauban, je dépose cette couronne sur la tombe de notre cher et regretté professeur, Monsieur Bonifas. »

M. Recolin, étudiant, s'approcha alors et déposa une couronne d'immortelles au nom des étudiants de la Faculté de théologie protestante de Paris.

M. le pasteur Durand exprima en quelques mots la sympathie de l'Église entière pour la Faculté, dont la grande épreuve était aussi la sienne, et sur cette tombe qui allait se fermer, il adressa à Dieu une dernière prière.

Une couronne d'immortelles, placée par les Etudiants au-dessus de la chaire de l'Auditoire de théologie, rappelle à tous le souvenir de celui qui « n'est pas perdu, mais nous a devancés. »

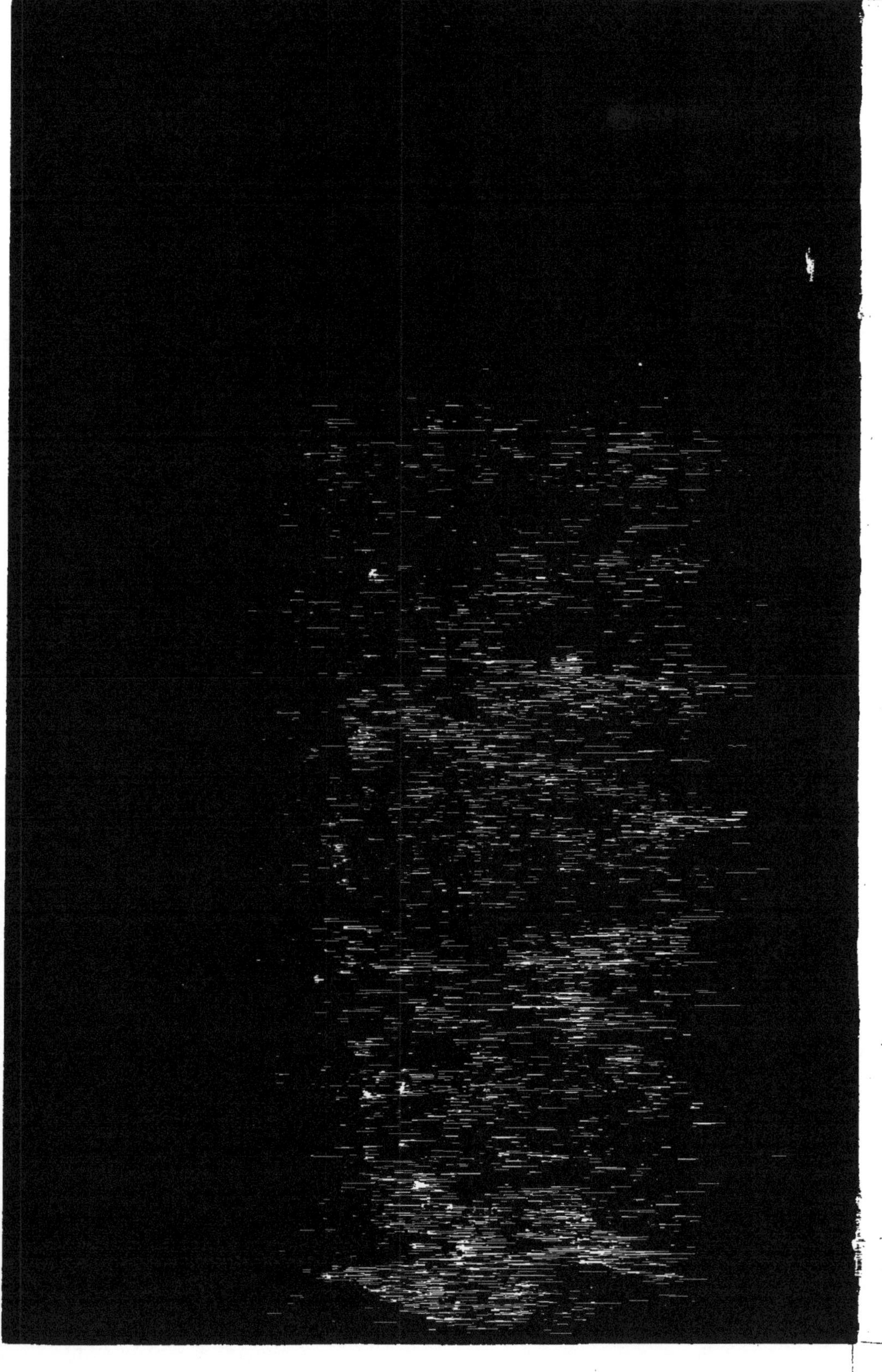

www.ingramcontent.com/pod-product-compliance
Ingram Content Group UK Ltd.
Pitfield, Milton Keynes, MK11 3LW, UK
UKHW020118100726
13658UKWH00005B/2245